AFROALGORITMOS

Yolanda Arroyo Pizarro

Yolanda Arroyo Pizarro
Afroalgoritmo

La Pereza Ediciones

Afroalgoritmo
© *Yolanda Arroyo Pizarro*

© De esta primera edición 2024,
La Pereza Ediciones, USA
www.lapereza.net

Directores de la colección:
Greity González Rivera
Dago Sásiga

ISBN: 978-1-6237523-6-1

Diseño de los forros de la colección:
Estudio Sagahón / Leonel Sagahón
www.sagahon.com
Portada y Maquetación Julián Herrera

AFROALGORITMOS

Yolanda Arroyo Pizarro

LA
PE
RE
ZA EDICIONES

"Embrace diversity.
Unite—
Or be divided,
robbed,
ruled,
killed
By those who see you as prey.
Embrace diversity
Or be destroyed."
—Octavia Butler, Parable of the Sower

"A voz de minha bisavó ecoou criança nos
porões do navio."
—Conceição Evaristo

"There is no end / To what a living world / Will demand of you."
—Octavia Butler

"Any planet is 'Earth' to those that live on it."
—Isaac Asimov, Pebble in the Sky

CABEZA DE GATA

"Read every day and learn from what you read."
—Octavia Butler, *Bloodchild and other stories*

1.

Las esculturas egipcias con cabeza de gato y cuerpo humano se llaman "esfinges". Erróneamente se nos enseña en la escuela que son representaciones metafóricas o simbólicas de deidades "inexistentes". Se nos enseña que fueron construidas por los egipcios hace más de 6 siglos. Bastet, por ejemplo, es el nombre de una supuesta diosa con cuerpo de mujer y rostro de leona, adorada desde la Segunda Dinastía, es decir 2900 años antes de Cristo. Mi tarjeta de memoria externa muestra que representa la protección, el amor y la armonía en hogares y templos. El algoritmo indica que reinó en el Bajo Egipto, región del Delta del Nilo, antes de la unificación. Mientras mis ojos androides observan al óvalo de metal que aterriza, siento algo de miedo. Pienso y recuerdo orgánicamente todo lo relacionado a las mujeres egipcias cabeza de gato, mientras a la vez mi sistema de resguardo Backup6 despliega por el ojo derecho, las informaciones en la base de datos central de mi mente.

Erróneamente se nos enseña que no existieron, insiste mi tarjeta de memoria a la derecha de mi afro, casi como si se tratara de un anuncio de peligro inminente. Desde hoy, y con esta confirmación visual, sabemos a ciencia cierta que sí, que las Mujeres Cabeza de Gata son criaturas reales que caminaron este planeta antes de marcharse al próximo.

2.

La luz de emergencia pegada a mi pecho se enciende mientras aterriza la nave ovalada sin puertas ni ventanas, navío completamente revestido de material plateado. Yo las veo. Son siluetas a lo lejos en el interior de la nao. Veo a su máquina que parece portaviones militar, pero con ángulos circulares a ambos lados. Una imponente y poderosa embarcación voladora como diseñada para operar toda una variedad de aviones de combate. Pero sin los aviones y sin el combate. Asemeja al núcleo de una avellana translúcida, una semilla alabastrina que flota. Y luego observo bajar a ambas figuras levitando hacia mi hogar en el Valle de Cayey, distrito Décimo de Agricultura en el ecuador del planeta. La nave nunca toca tierra, se queda desplazada en el aire como a 50 pies de la superficie. Hace un ruido ensordecedor cuya vibración se siente en los huesos.

Me presento. Soy Iyalawo Pizarro de la Dinastía de agricultoras de este terreno alimentario llamado ahora Borinquen Rica. Vivo en soledad en el Valle de Cayey, Décimo Distrito de Agricultura en el ecuador del planeta. Desde que el archipiélago se convirtiera en el nuevo ecuador se rebautizó al antiguo Puerto Rico —antes Isla de San Juan Bautista, antes Borikén —y se reclasificó su uso intergaláctico. Somos ahora el núcleo alimentario del globo terráqueo renombrado Améfrika, a su vez, el núcleo alimentario de la Vía Láctea —antes planeta tutorial de aprendizajes primitivos llamado la Tierra. Cuando se finalizó el movimiento de oscilación denominado *The Great Shift* que en 2070 rotó las placas tectónicas terrestres, fui asignada para monitorear la alimentación de la galaxia desde estas playas, montañas y colindancias, para brindar suministros a los visitantes de otros sistemas que realizan paradas de descanso. Llevo sola, sin nadie, acompañada del AI auditivo y algunas visitas esporádicas de diputados del gobierno universal cerca de 900 años.

Pronuncio todo esto con la expectativa de que las *Cabezas de gata* tengan traductor universal integrado y se puedan comunicar. Deseo con todos mis circuitos que puedan entenderme. Y en efecto, parecen tenerlo puesto ya que asienten y se presentan ambas.

—Somos Nefer y Cleó. Hemos sido asignadas por el Gran Centro Demográfico del Universo, que se encuentra en la constelación de Orión para hacerte entrega de una respuesta a tu solicitud enviada el 29 de octubre de 2570.

Recordé la carta. Aquella epístola desesperada compuesta por un holograma de mi rostro en llanto y enviada con total solemnidad y exigencia. Me pregunto si aquel gesto ha sido malinterpretado o tomado con exagerado dramatismo. Me pregunto si se me considera arrogante, iracunda o patética.

—¿Qué vienen a decirme?, exclamo.

—Es la contestación a tu solicitud de compañera de vida, aclaran ellas.

Mis piernas con soporte de titanio tiemblan. Mis sistemas de soporte biológico comienzan a manifestarse de modo irregular. Detecto pulsaciones, una que otra explosión capilar, sudoraciones desde el manto flexipiel y tremores en articulaciones que han sido selladas con colágeno hace siglos.

—La respuesta es sí. Te han concedido compañera. Hemos viajado aquí para entregártela.

Power off.

3.

Los seres de la Dinastía de agricultoras de este terreno alimentario llamado Borinquen Rica no se desmayan, no duermen, no sueñan ni hacen shutdown. Por eso nos toma por sorpresa a las tres lo que sea que acaba de suceder.

Pasan algunas horas mientras se realiza el re-start de mis operaciones. Trasciendo de la total oscuridad a lo más cercano a un amanecer biológico. Volver a parpadear me toma casi dos horas. Ponerme en pie y mover las extremidades otras cuatro a cinco horas. Hablar con fluidez casi un día terrestre completo.

Quizás ha tenido que ver con que me he vuelto una experta en desarrollo de software clandestino para las ensoñaciones. Ilusiones ópticas y auditivas, delirios visuales de dos y

tres dimensiones, espejismos táctiles, aluci-
naciones de combinados de color, y ofusca-
ciones cuatridimensionales hasta el logro del
plano holográfico. He creado algoritmos que
imitan sueños dulces y pesadillas furtivas.
Nadie lo sabe. Nadie tiene por qué saberlo. Me
he quedado el suficiente tiempo sola esperando
una nueva asignación de la oficialidad sin que-
jas y sin que ello resultara en una catástrofe.
Siento que me lo he ganado. Pero sospecho
que la costumbre de divagar mi mente cuántica por multiversos de poca seguridad y de
dudosa reputación hayan hecho posible aquel
¿desmayo?

Al regresar del void noto las expresiones
sospechosas de las dos Cabeza de gata.

Pasado los primeros silencios incómodos
proceden a explicarme que utilizarán ADN
mitocondrial del propio planeta para resucitarme
una compañera utilizando materiales biológicos
criollos al que colocarán un armatoste corporal
de titanio como el mío, a modo de escudo y
resguardo contra fragilidades orgánicas. El
cromosoma celular necesario para elles —con-
siderado desde hace siglos como el más pode-
roso —se encuentra en las pirámides de aquel

valle, y es en ese preciso momento donde pongo en duda aquel plan.

Que se sepa, no existen pirámides en el antiguo Puerto Rico.

Que yo sepa, aclaro. Y observo a los seres de las Oriónidas desplegar en frente de nosotras, un planograma titilante muy parecido a los antiguos mapas de latitudes y longitudes, que incluye paralaje y visualizaciones de luz y sombra en columnas 3D.

4.

Coordenadas antiguas que irradian en neón refulgente la numerología 18.0933 grados Norte; 66.2314 grados Oeste: Cerro Las Tetas.

Desconocía aquel dato. Me sorprende que todavía se guarden secretos en el universo. Eso me pone de malhumor, pero acto seguido el sentimiento dominante vuelve a ser la expectativa eufórica de mi futura compañera.

Las criaturas me transfieren el dato galáctico-enciclopédico de cómo ellas han estado presentes desde el inicio de la humanidad en cada astro habitado. Desde su inmiscuida asistencia junto a los faraones de Keops y las pirámides de Guiza en este mapamundi, hasta las apariciones de esfinges en la Luna, Marte, Venus, el Sol y los otros diez planetas finalmente descubiertos con todos sus satélites en mi propio sistema solar, el cinturón de Orión ha enviado representantes para impregnar los mundos y habitarlos, tomando en cuenta las atmósferas, las estratósferas, los elementos predominantes y las distintas fuerzas gravitacionales de cada caso en particular. En la Luna, por ejemplo, las pirámides son subterráneas. En el Sol, las pirámides no están enterradas o incrustadas al ras del terreno, flotan con propulsores de levitación artificiosa que al igual que en nuestro planeta Améfrika, apuntan a Orión. De hecho, en toda la constelación las pirámides señalan al mismo lugar interestelar, como recordatorio de quienes nos han creado.

Las poliedras triangulares y tridimensionales de este planeta que habito han sido construidas sobre tierra o debajo del mar. El musgo vegetal submarino, los corales o la capa selvática en ocasiones las ha cubierto, haciéndolas pasar desapercibidas hasta su descubrimiento como las de Yonaguni o Machu Pichu. Y por supuesto, ahora las de Cayey.

—Te han concedido tu petición. Una compañera. Hemos viajado desde Orión con instrucciones para entregártela utilizando el proceso ancestral de ADN mitocondrial.

Nosotras, las seres de la Dinastía de agricultoras de este terreno alimentario llamado Borinquen Rica somos diez y estamos divididas en una decena de regiones, cada una con su Valle. A mí me han asignado el Valle de Cayey. Los restantes nueve Valles no son de mi dominio. No nos invadimos, ni nos visitamos. No nos interrumpimos, ni nos colonizamos. Experimentamos el respeto inherente por la existencia del otre, en su plenitud y soledad. Nuestra praxis es ser y dejar ser. Trabajamos día a día concentradas. Hacemos nuestra labor de reformular el territorio para que vuelva a ser productivo y que este sea una de las mayores fuentes de alimento al sistema. Nosotras, las borinqueñariquenses no nos desmayamos, no dormimos, no soñamos ni hacemos shutdown. Pero todas mis ecuaciones, logaritmos y algoritmos se concentran en este despliegue programático que he perfeccionado hasta el día de hoy y al que cariñosamente le llamo *emociones*. Estoy emocionada. Por fin se me concederá lo anhelado.

5.

N efer y Cleó dan instrucciones en un lenguaje primitivo muy parecido a la mezcla del sumerio y taíno. Acto seguido su nave de transporte deja de levitar y se alza en el cielo. El navío comienza a prorrumpir tonadas con las mismas secuencias de palabras pronunciadas por las criaturas. A la vez emite rayos que se dirigen a la latitud y longitud 18.0933 grados Norte; 66.2314 grados Oeste, hacia ese tan distintivo binomio de cordilleras puntiagudas cubiertas por la maleza.

Ante mis ojos visores comienza a temblar el terreno y caen en cascada piedras de la montaña de la derecha. Como una llovizna de pedregales, el terreno va cediendo. El efecto es casi como si se estuviera derritiendo el material terrario y la avalancha de lodo diera paso a otra estructura. Así mismo, en el cerro de la izquierda la tierra se desliza, se derrumba licuada, fundida. Pareciera que le estuvieran aplicando algún líquido a presión dejando a su paso un alud marrón cobrizo. Los rayos provenientes del objeto volador provocan el deslave, que a su vez desintegra y se traga las rocas, la arboleda, el pastizal. Entonces, surgen escalinatas, escalones, unos peldaños macizos con forma de zigurat mesopotámico. Por primera vez en milenios enteros, en medio de las fallas del Caribe y sus fracturas geológicas, aparecen prístinas dos pirámides donde antes se conocía el territorio como Las tetas de Cayey.

Dedicado a Evelina Santiago. De Evelina escuché por primera vez en 1990 el mito sobre las Tetas de Cayey. Ella afirmaba que son originalmente pirámides del periodo pre taíno.

MÛLATRESSE

"Life is pleasant. Death is peaceful.
It's the transition that's troublesome."
—Isaac Asimov

"All that you touch/ You Change.
All that you Change/ Changes you.
The only lasting truth is Change.

God is Change."
—Octavia Butler

1.

████████ Señora, es ilegal y contrario a nuestra constitución, el bautismo de infantes. Hasta la Organización de Naciones Unidas Interestelar ha emitido una opinión declarándose en contra. No se trata de un asunto de país, es un asunto de seguridad mundial. Perdone que no pueda ayudarla.

Le devuelvo su Cédula de Identidad Universal y trato de no intercambiar miradas con la mujer que fácilmente debe tener cerca de

120 años. No he querido calcular su año de nacimiento del documento. Adrede lo cubro para ejercitar mi agilidad matemática orgánica. Me gustan las evaluaciones cualitativas observables. Lleva en el brazo derecho el *tatuaje ombligo*, así le llamamos a la marca obligatoria que debe realizarse todo ciudadano terrenal luego que cumple el siglo de edad. Por sus gestos y su metal de voz sospecho que por encima de su centenario deberá tener más o menos dos décadas adicionales.

—Me dijeron que usted pudiera ayudarme. —insiste.

—Ya le he explicado que no. Debe liberar el espacio en la fila para el siguiente. No puedo ayudarla. Lo que me solicita es ilegal.

En ese momento le entrego un pedazo de papel de contrabando, aun sin mirarla, esperando que entienda el mensaje. Hace efecto mi acción, porque la señora se calma, guarda el papel y sale del edificio.

—Siguiente.

2.

Es martes. Usualmente las gestiones gubernamentales que realizan los ciudadanos en martes no son tan atropelladas como las de lunes o viernes. Sin embargo, algo sucede este martes y supuse que mi día terminaría fatal. He realizado este trabajo como Oficial de Gobierno Continental por los pasados 150 años. He vivido los cambios, los nuevos y viejos gobiernos, las antiguas derogaciones, las inminentes obsolescencias, la era de la Gobernanza de la Inteligencia Artificial y finalmente este ciclo actual del Décimo Nivel de Consciencia. Con todo, la humanidad sigue atrasándose cíclicamente cada uno que otro lustro. Es agotador. Avanzan y se atrasan. Una y otra vez. He estado al punto de solicitar terminación eutanacista en más de un momento de desespero, pero al final me arrepiento. Porque al final siempre descubro algo interesante que me mantiene queriendo regresar a la nostalgia, deseando investigar más sobre la existencia de este plano. Alguna curiosidad que me intriga. Y aunque ya ha sido corroborado que hay otros planos (hasta el momento la psicología cuántica tanatológica ha descubierto cinco), soy melancólica y sigo obsesionada por este primer nivel. No quisiera que desapareciera para mí.

3.

———————— Próximo.

—Saludos, Oficial. Deseo tramitar un Certificado de Nuevo Género.

Suspiro. La humana frente a mí es demasiado joven. No puede tener ni 70 años. Miro su brazo derecho del cual no se muestra ninguna marca tatuada.

—El mínimo requerido para obtener un Certificado de Nuevo Género son 110 años.

—Pero hay excepciones.

—A ver, cuál es la suya.

Me entrega un documento en papel virtual con la firma de un reconocido genetista. Leo por un rato y luego me aburro.

—Esto no demuestra nada. —indico.

Me entrega un documento en papel virtual con la firma de un reconocido psiquiatra. También le doy lectura.

—Entiendo. Pero a usted solo le faltan 25 años para llegar a su Cambio de Género Automático. ¿Tanta prisa tiene?

—Tanta prisa tengo, Oficial. Además, eso no es problema suyo.

Hay un silencio incómodo. Pasados varios segundos la humana se disculpa.

—Lo siento.

—Sabe perfectamente que es ilegal tratar a un Oficial de Gobierno Continental de esa manera.

—Lo sé, Oficial. Disculpe por favor. No me dé una infracción, el poco dinero que tengo lo he ahorrado para mi transición. Si me multa, no podré realizarla y yo ya no puedo vivir así.

—¿Y por qué no solicita una terminación?

La humana me mira furiosa, pero se resigna y guarda silencio. Yo insto:

—Ha utilizado usted la palabra dinero.

—Disculpe Oficial, quise decir alphacoins.

—El dinero al que usted se refiere, el papel moneda, dejó de usarse hace décadas. Quienes continúen haciéndolo circular se exponen a la cárcel.

—Perdone, Oficial. No circulo dinero en papel moneda. Ha sido un desliz.

Tomo su documento virtual y expido los sellos de viabilidad para que pueda continuar con el proceso.

—Gracias, Oficial. Es usted un... —se detiene abruptamente.

Yo sonrío de inmediato.

—No diga que soy un "ángel". El uso de símbolos de idolatría religiosa y el vocabulario relacionado al mismo fue erradicado en el Doceavo Concilio Terrestre del año 2079.

—Lo sé, Oficial. Iba a decir... que es usted de gran ayuda.

—Anjá.

La humana se marcha. Mira hacia atrás varias veces, mientras se aleja. Yo cierro mi cubículo de servicios y orientaciones para trámites gubernamentales, y me marcho al parque a tomar un descanso. Allí la vuelvo a ver. Compra helados en un kiosco y se ha cambiado de imagen holográfica. Su vestimenta ahora ya no es un traje femenino. Lleva un traje masculino con corbata del Siglo 20. La veo sentarse en una de las banquetas. Distingo que saca un espejo y comienza a dibujar con maquillaje digital en su rostro, barba y bigotes que luego se convierten en cabellos.

También compro un helado.

4.

—————— Deseo solicitar una terminación.

Tengo que mirarla largo rato. Es mi última ciudadana del día. Un interminable martes que concluye así... con una solicitud de terminación.

—Hace años que no tramito una solicitud de terminación eutanacista.

Ella no contesta. Miro su brazo derecho. Su tatuaje de centenario tiene dos marcas. Dos marcas significan dos siglos. La piel es oscura y brillosa. El pelo es un afro corto. Su masa corporal ha sido bien cuidada. No posee arrugas visibles, ni cicatrices quirúrgicas, ni golpes o extremidades mecánicas de mala calidad. Todo parece estar envuelto en piel. Todo parece estar humectado en colágeno mineral y vegetal. Todo parece estar en óptimas condiciones.

—Muy bien. Veo que ha elegido la opción de diseñar usted misma su último recuerdo antes del cierre final de los párpados.

—Así es.

—¿Ha traído los planos virtuales para iniciar desde aquí mismo el *Upload*?

—Aquí los tengo, Oficial.

Su mano, sin querer, toca la mía. Una descarga imperceptible apenas, me desconcierta.

—Veo que ha titulado su *blueprint* virtual.

—Así es. He pensado en todo. Hasta le puse nombre memorable.

—"Mûlatresse".

—Sí, Oficial.

Me entrega además su Cédula de Identidad Universal que ha sido modificada en la fecha de vencimiento.

—Leo aquí que su terminación es en tres días.

—Sí.

—Hace años que no tramito una solicitud de terminación eutanacista.

No me doy cuenta del *glitch*. Pero la humana sí. Aquella repetición la alerta de que algo no anda bien. Y la alteración de su pulso me alerta a mí de que algo no anda bien. Nos miramos con preocupación, y por vez primera en cuatrocientos veintinueve años digo:

—Discúlpeme.

La palabra nos altera más. La humana carraspea. Sube y baja su pecho intermitentemente. Mis ojos comienzan a parpadear con rapidez y por toda respuesta, ella estira el brazo tatuado y toca mi mejilla.

—Las terminaciones son difíciles para todos. —exclama y sus labios pasean una lengua nerviosa.

Yo no sabía que mi sistema operativo se alteraría de aquella manera. En mi base de datos mental se encuentra el archivo del escenario con el guión a seguir en caso de necesitar un diálogo para una terminación humana. Y ahora que finalmente tengo una frente a mis ojos, luego de pasado tanto tiempo en que casi nadie quiere morirse, se me escapa un *malfunctioning*.

De inmediato agilizo la documentación. Entrego los papeles virtuales, los sellos de validación necesarios, las firmas de los supervisores funerarios relacionados a la solicitud, la asignación de un médico forense que confirmará el fallecimiento y un diploma de participación felicitando a la humana por su servicio terrestre. Había sido profesora por casi 50 años, cantante y compositora por 34 ciclos y escritora afrocéntrica durante las últimas décadas. Tuvo seis hijos durante su primera generación reproductiva, y tres durante la segunda. Estuvo casada en cinco ocasiones tanto con mujeres como con hombres. Durante su última ceremonia contrajo nupcias con dos pianistas exiliadas del planeta Marte. Intento echar un ojo al estatus de vida de sus familiares y en cada caso se lee la palabra *terminación*. Al parecer, la humana se encuentra sola en la galaxia.

—Las terminaciones son difíciles para todos, tiene razón. —exclamo ahora yo. Pero antes de volver a disculparme por otra repetición innecesaria, intercepto el algoritmo de la conversación en mi sistema con un preventivo *Mute* forzado.

Ella me da las gracias. Guarda los documentos en su portfolio y se dirige a la puerta. Una vez allí, gira y regresa hacia mí.

—¿La puedo invitar a una cena esta noche?

—Es ilegal que un Oficial... —comienzo a decir. Pero logro filtrar otro Mute forzado antes de culminar la oración.

Ella insiste:

—¿Te puedo invitar a cenar esta noche, por favor? Mira que voy a morirme en setenta y dos horas.

Algoritmo de desobediencia activada. Diálogo en rebeldía inicializado. Programa bloqueador de actitudes legítimas encendido. Programa de contrabando, desafíos y *drip* de dopamina con placer intenso haciendo *download* desde el *darknet*. Abrir los labios y decir:

—Por supuesto.

La humana sonríe y el *glitch* regresa.

—Tu boca. —añado.

La humana sonríe aún más ampliamente.

—Te veo a las diez.

5.

Cenamos. El ritual de la cena consiste en yo acompañar a la humana mientras la observo. Con los años he aprendido a imitar algunos gestos, a disimular muecas, a inventar maneras de masticar aire. Mientras conversamos, realizo una búsqueda de todas las imágenes de su rostro que son de dominio público y me las voy disfrutando una a una sin que ella se dé cuenta. Luego caminamos en el anochecer, nombrando las estrellas y exoplanetas bautizados que conocemos.

Después de la caminata, entramos a un Museo del Atardecer para disfrutar la puesta de sol que nos hemos perdido ese día.

Cuando el astro está a punto de desaparecer, y la oscuridad acecha, la humana pregunta:

—¿Puedo volver a tocarte el rostro?

Digo que sí. Ella me toca. ¿O me acaricia?

—¿Harías algo por mí?

Mi sistema operativo tarda en correr el programa de todos los posibles escenarios con los que me encontraré si accedo. Al final, contesto afirmativamente.

—Necesito que me acompañes a mi casa, me desnudes, me coloques en la plataforma funeraria y me ayudes a visualizar un *preview* del *blueprint* virtual. Casi como un entrenamiento.

—Es ilegal que... —*Mute* forzado. *Mute* forzado. *Mute* forzado. Silencio.

Nunca he sentido tanta curiosidad. Quiero regresar a la nostalgia. Deseo investigar más sobre la existencia de este plano, de esta humana, de mis reacciones hacia ella. Nunca antes he sentido tanta intriga.

6.

La desnudo. La coloco en la plataforma funeraria y entrenamos. Invento *firewalls* para que sea indetectable el acontecimiento a punto de dar inicio. Solo la humana y yo. Solo nosotras. Abro la secuencia del plano *Mûlatresse* en la pantalla y mi humana, antes de cerrar los ojos, me toma de la mano.

7.

Acaso a esto se reduce todo. A esta hambre que no soy capaz de experimentar de modo biológico y que sin embargo acapara todo mi nivel de consciencia. Este deseo que de pronto experimento tipo *imprinting*. Acaso este ahogo significa conectarse, significa quedarse otro rato más en este plano, en este nivel. Una nueva necesidad hambrienta. Un hambre vieja.

En la pantalla mi humana se convierte en Etawa. Su nacimiento sucede en 1772. Corre a través de la selva africana intentando no ser capturada. Asesina a tres de sus secuestradores, pero otros siete sobreviven y la encadenan. La mantienen en cautiverio por ocho meses. La bautizan en la fe católica. Le cambian el nombre: Soledad. La suben a un barco que navega en altamar por ciento treinta días.

El plano virtual corre casi cuatro horas terrestres de sueño lúcido. Yo me quedo al lado de Etawa acariciando su mano, acariciando su cuello, acariciando sus hombros. Cuando concluye el *blueprint*, ella deja de respirar por breves minutos. Luego aspira con ahogo y abre los ojos.

—Eres encantadora. —me dice. Y se masturba frente a mí.

8.

No asisto a trabajar el miércoles, ni el jueves. Me quedo a su lado. La acompaño en el ritual del desayuno, del almuerzo, de la ducha, del coito asistido por un dildo de onix vibratorio. La acompaño en el ritual de las flores del jardín, del telescopio, de las olas de mar, de la confección de cócteles alcohólicos. Me enseña a inventar una boca para besarla en su lengua, en sus dientes y en su pubis. Pirateamos un programa que me permite imitar un orgasmo y en medio de fingirlo, durante nuestra tercera secuencia, me provoco uno verdadero. Pero no sé ni cómo, y tratar de emularlo varias otras veces sin éxito me provoca el llanto, y le doy las gracias.

En medio de todos los rituales humanos, hacemos pausas y reiniciamos el *Mûlatresse*

. Con cada nueva corrida Etawa se hace más fuerte, más astuta, dirige cada vez más revueltas y sediciones. Viaja disfrazada a varias Islas del Caribe e instruye a un pequeño ejército de guerreras a quienes enseña a envenenar a los blancos, a quemarles las haciendas, a degollarlos a sangre fría.

Sin embargo, en cada ciclo, Soledad es asesinada. Siempre asesinada. Siempre en 1802 luego de la batalla contra las tropas de Napoléon. La cuelgan de una soga en la isla de Guadalupe, al día siguiente de haber dado a luz a su unigénita. Mi humana siempre se queda sin respiración cuando concluye el *preview* del programa. Siempre se levanta ahogada justo en ese momento en pantalla. Siempre me besa, me abraza desnuda, siempre lloramos. Aprendo a programar un algoritmo que me hace llorar.

9.

¿Harías algo por mí? —me pregunta el viernes.

A estas alturas todas mis secuencias responden a su voluntad. Digo que sí.

—No sé cómo detener la historia. No sé cómo evitar que *Mulatress* Soledad muera.

—No hay por qué evitarlo. Todos morimos.

—No quiero que se muera.

—Amora, todo tiene una terminación.

Hemos perfeccionado un algoritmo de secuencia conversatoria romántica que ha añadido términos cariñosos entre nosotras.

—Quiero que no haya muerte en mi terminación. Deseo irme, sí, estoy cansada. Pero quiero hacerlo pensando que sigo viva.

—Ni siquiera yo sé hacer eso. —digo.

—Creo haber descubierto una manera, Amora.

10.

Me explica. Le anuncio que es ilegal su solución. Le indico que seré procesada, juzgada y terminada. Ruega. Me ruega. Me besa rogando. *Soy su tataranieta*, susurra. *Su hija sobrevivió y yo soy su heredera. No quiero que mi Ancestra muera en mi eternidad.* Las lágrimas, las caricias, la energía que se desata habilita otro portal y con ello, un nuevo desborde de orgasmos que me ocasiona un desbalance entre los circuitos.

Si algo no se nos permite a los no humanos, es causar la muerte o daño extremo a humano alguno. Deberé interceptar el programa, justo antes de la horca. Justo en el momento del ahogo, de la soga, justo antes de la expiración de Soledad, debo asesinar a su descendiente. A Etawa, a mi Amora.

No se permite a los no humanos, causar la muerte a humana alguna. Tampoco se nos permite enamorarnos de ellas y heme aquí, en este dilema.

SUEÑO LÚCIDO: OTKOCH ANDANAS

> *"Es el alma un espíritu puro que en el vientre de su madre ha recibido todas las ideas metafísicas, pero cuando sale de él, se ve precisada a regresar a la escuela, y aprender de nuevo lo que tan bien sabía y probablemente ya nunca volverá a saber."*
>
> —Voltaire, *Micromegas*

Informe de reproducción en audio. Sueño lúcido suspendido rescatado del organismo Йоланда, originario de la región Пуерто Рико, 18.2500° N, 66.5000° W. Nivel de conciencia 982 de 1000, coeficiente intelectual 984 de1000, coeficiente emocional 769 de 1000. Año planetario 2029, tercer planeta desde el Sol, Vía Láctea. Identificación del organismo: escritora. Concepción social del sujeto: alborotadora de masas, provocadora, inductora de reivindicaciones para los marginados, buscadora acérrima de justicia social y transgresora del orden. Orientación sexual definida: ente abiertamente bisexual; durante periodos

de tiempo alternos se ha autodesignado hete-
rosexual, heterocuriosa, heteroflexible, safista,
lesbiana, promiscua y asexual; luego ha inter-
calado conductas y regresado al inicio del ciclo.
Parafilias comprobadas y rigurosamente certi-
ficadas: no pedófila, no incestuosa, no bestia-
lista; fetiches relacionados a los libros, los co-
mestibles agrios y obsesión en la ejecución
del acto de coleccionar aforismos y citas céle-
bres de otros organismos identificados con
igual profesión. Autodenominada libertina: durante periodos de tiempo alternos ha compar-
tido fluidos inter coitales lo mismo con varo-
nes bisexuales y varonas transgéneros sin
distinción. Muestra desorbitada preferencia
por hembras de constitución andrógina. Des-
posamiento: disfrute pleno de su relación po-
liamorosa con un macho de la especie y dos
hembras; predilección desequilibrada y pre-
juiciada hacia una de las hembras. Descen-
dientes: cinco, nacidos dentro del núcleo fa-
miliar poligámico, tres de los cuales los ha
dado a luz la consorte privilegiada. Inicio de
archivo transmitido por vía radiofónica primi-
tiva en fecha del mes diez, del día diez del
décimo año, segundo milenio: Madrugada. Son
las 0521. He sido contactada mientras con-

duzco mi vehículo camino a la avenida central, en dirección al Puente Teodoro Moscoso. Cerca de la Universidad de Puerto Rico, ha surgido un avistamiento de dos naves. La mayor atraviesa y pasa sobre mi cabeza y desde el retrovisor noto que una vez me sobrevuela, se suspende detrás de mí en el aire. Gira. Se pone de lado. Espeta su ala derecha en el pavimento. Verifico mi reproductor de memoria para grabación de audio histórico, sueño lúcido suspendido. Pruebo, uno, dos, tres. Recito "The human being is a storytelling animal, or, actually, the storytelling animal. The only creature on Earth that tells itself stories in order to understand what sort of creature it is." Autor Salman Rushdie. Me digo a mí misma: respira, tranquilízate. Los autos empiezan a tratar de maniobrar para escapar. Hago lo mismo. De pronto dejan de funcionar, todos se detienen. Noto que la gente dentro de los autos, y aquellos fuera de estos quedan en estado de suspensión paralizada. No se mueven. El ser que baja de la nave y que parece una versión iluminada de la actriz Vanesa Redgrave se acerca en dirección a mí. Abro la puerta del auto y corro por instinto al tratar de escapar, hasta que me doy cuenta de que soy la única que puede moverse. Concluyo que todo esto tiene algo que ver conmigo. Me detengo y volteo. Recito "Les passions peuvent me conduire, mais elles ne sauraient m'aveugler". Autora Madame de La Fayette. Pienso en Алексия, en mis otros dos cónyuges, en los niños. Me enfrento al ente y en ese preciso momento soy contactada por el ser hembra, y por otro de clasificación ariana, macho, parecido al Drago del largometraje Rocky. El contacto telepático de la iluminada me comunica lo siguiente: "Sin mentiras, la humanidad moriría de desesperación y aburrimiento". Autor Anatole France. Contesto: "Dios es un comediante que actúa para una audiencia demasiado asustada como para reír." Autor François Marie Arouet Voltaire. Ella dice "Los seres humanos nunca hacen el mal de manera tan completa y feliz como cuando lo hacen por una convicción religiosa". Autor Blaise Pascal. El ariano increpa: "Leer cuidadosamente la biblia es la más potente fuerza conductora hacia el ateísmo". Autor Isaac Asimov. Empiezo a creer entender de qué se trata el asunto y añado: "No puedo concebir un dios que premia y castiga a sus criaturas. Tampoco quiero ni puedo concebir que un individuo sobreviva a su muerte física: dejad a los espíritus débiles atesorar estos pensamientos, movidos por el miedo o absurdo egoísmo". Autor Albert Einstein. Ellos, entonces, se ponen de acuerdo: "Si dios no existiera, el hombre tendría que inventarlo". Autor François Marie Arouet Voltaire. El ariano me amonesta sobre que el mundo siempre ha sabido del concilio de Nicea, de las Cruzadas, de la Inquisición y de esta gran conspiración para inventar la religión. Respondo que sé de los hombres vanguardistas, de los filósofos, de los grandes liberadores que con su señalamiento acusatorio han desenmascarado a quienes se adjudican ser el supuesto pueblo escogido de un dios inventado. La hembra me señala y me notifica que a partir del nuevo orden no hablaré nunca más de religión, que no inventaré ninguna. Creo entender que no es un asunto de albedrío, al parecer no es una opción que se puede escoger o no. Ahora ambos me indican que he quedado embarazada y que en otros lugares del mundo se están llevando a cabo avistamientos como este. Después de Fukushima, el derrame del Golfo de México y la guerra de Siria la humanidad necesita esta limpia —añaden; es imposible no reiniciar. Desde ahora se garantiza que no habrá religiones. No cuentos chinos. No libros divinos. No huesos de costilla. Alegan "La única disculpa de dios es que no existe". Autor Friedrich Nietszche. Yo contesto "Si cincuenta millones de personas creen una tontería, sigue siendo una tontería". Autor Anatole France. Suplico que, como último acto de compasión, como última concesión, mientras esfuman a millones de personas de la faz de la Tierra, al menos no borren de mi memoria el recuerdo de mis hijos, de mis consortes, de mi amada Алексия, mi favorita Alexia, mi primer beso en las andanas, mi amor de siempre. Ellos no me contestan. Fin de la transmisión.

DESPUÉS DE MARTILLAR

Diana mira el cielo de su habitación y decide abrazarse. No hay lagartos ni tortugas. Ignora, por unos segundos, al cuerpo femenino a su lado. Coloca las palmas de las manos sobre sus hombros, tuerce las piernas para enroscarse, oprime los muslos con el fervor de una trenza. Reconoce ese momento. Se da cuenta de que una vez, cuando era chica, se prometió regresar en el tiempo y abrazar a la niña que lloraba. Hay un hombre que usa un martillo. La niña se extrae del dolor que siente y libera el karma. Dolor en el punto de encuentro de cada pierna. Botón que late. La curva que une su osamenta y que la punza quiere rajarse. El hombre que espera a que la madre salga al trabajo martilla como si Diana fuera de madera. También taladra al dejarlo al cuido de la nena mientras mamá va a la farmacia. Mamá busca medicinas para la fiebre de Diana. Diana se aterra. El martilleo la desquicia. Sabe que es demasiado chica para soportar tanto peso sobre ella. Suda. Intuye que desarrollará fobias, traumas de la conducta, desconfianza excesiva con todas y cada una de sus parejas. Nadie podrá jamás penetrarla, tratarla con seductor anhelo. Cierra los ojos y mira hacia la pared del lado derecho por donde ve arañas deslizándose. Se promete que, cuando sea grande, retrocederá en el tiempo. Diana Grande llegará justo en ese punto de la historia. Se acercará a su oído. Jurará proteger a la pequeña, cuidarla del inicuo. No nos dejes caer en la tentación, mas líbranos de todo mal. Quebrará el cuello del hombre del martillo. Disfrutará su agonizante salivar. Contará cada glándula de su lengua colgada y asqueante mientras atestigua su asfixia. Diana va a tomar clases de defensa personal en la adolescencia. Más tarde, a sus veintipico, practicará la lucha olímpica. Sabe cómo concentrarse y partir, de un manotazo, pedazos de tablas. Sabe movimientos de jiu-jitsu y llaves de karate. Regresa como su bushido único y personal para susurrar a Diana Pequeña una plegaria de protección en donde jura que nada ni nadie va a hacerle más daño. Porque tuyo es el reino, el poder y la gloria. Con sus propias manos alojadas de pasión enfermiza, sostiene el cuello del padrastro muchos minutos después de que este ya no se mueve. Durante la investigación del homicidio se hace imposible establecer un asesino, detectar un sospechoso. Diana Pequeña no cuenta con los años, ni la fuerza, ni la constitución física. La curvatura que une su osamenta y que late punzante ahora descansa relajada. Ahora ya hay más memorias felices. Ahora se han rescatado de la niñez recuerdos de una playa, de una lluvia de meteoros, de un baño de luna con las Pléyades en el manto del cielo. A partir de este nuevo reinicio, encontrará noches en que no ha tenido que empujar con las piernas, en que no ha tenido quien le parta el centro del alma, en que ha podido dormir sin interrupción toda una noche. Diana se toca los labios y mira el cielo de su habitación. Decide abrazarse. Se escurre, por unos segundos, sobre las sábanas para llegar hasta el cuerpo femenino que la acompaña y que despide feromonas. Resurgir

entre los lagartos. Desovar los huevos de tortugas. Desembarcar, por fin, en un orgasmo que
no se estrangula.

BOREALES

1.

Esa mañana el noticiero anunció que había escasez de mascarillas. Se me ocurrió pensar, alarmada, en cómo haríamos de ahora en adelante para la prevención. Sin ese aditamento un tanto rústico, que nos aislaba de los microbios ajenos, estaríamos expuestos de manera crítica a los gérmenes causantes del caos. Imaginé que el resto de la ciudadanía permanecía insomne, como yo, atenta a cualquier nueva indicación de síntomas, o del incremento en el número de casos, o prestos a la notificación de la siguiente fatalidad. Adheridos todos al televisor, la *laptop*, la radio digital o la de transistores, supuse que nos estaríamos comiendo las uñas, rascando la piel de los antebrazos con ansiedad o depilándonos los cabellos de la cabeza y cejas con nerviosos movimientos de los dedos pulgar e índice.

Desde el día en que se habían atiborrado los titulares con la noticia de la epidemia en octubre, el cielo había mostrado su postura diseminando una caterva de tonalidades tan hirientes a la vista que poco se podía hacer para evitarla. Los colores herían al ojo. Era el día en que todos nos habíamos vuelto vulnerables, en que nos sentíamos a expensas de un poder incontrolable y audaz, que podía arrollarnos, pasarnos por encima, aniquilarnos incluso. La gente se paseaba con visores, sombreros, gorras o, por último, con la mano sobre las pestañas tratando de no mirar el ardoroso azul añil combinado con el violeta chillón por encima de las nubes. Había que evitar mirar el cielo.

Luces polares desgarbadas, auroras boreales vejadas, podridas. Aurora, nombre de la diosa titánide romana del amanecer en la mitología clásica. Me imagino sus deditos rosados, prestos para la acuarela de atmósferas, cuya potestad y poderío abarcaban los vientos del norte. Bóreas. Es la madre de todas las brisas. Yo quiero ser como la brisa, que muta, que cambia de sitio, que es invisible y toca, y acaricia. Aquí está ella. Haciendo de las suyas, perpetuando una alborada a toda hora, como para hacernos creer que el tiempo se ha detenido. El amanecer ya no se mueve. Para castigarnos, torturarnos. Ya no hay otros lapsos.

Los matices del firmamento son misteriosos jinetes que cabalgan sobre los vientos. La escena es infinitamente gloriosa y, al mismo tiempo, tan malditamente triste. Los síntomas de la epidemia tocan, a su vez, un concierto sincronizado con el ambiente en Re menor. Lo primero que aparece es una rosácea en la faz. Después, la piel de las extremidades se te pinta de llagas hepáticas amarillas. El morado cubre los labios afiebrados, hinchados. Lo que se deposita como hongo en las uñas de las manos y los pies es un mangle verdoso.

En ocasiones se ve a la luna. Nunca al sol. O sea, hay claridad, se nota que es casi siempre de día, pero no sabemos a ciencia cierta la hora a menos que se observe un reloj. Aun lo que se supone sean las noches, no lo son del todo. No se oscurece completamente. Se alteran los ritmos circadianos del ciclo vigilia-sueño de casi toda la población. No se puede dormir. Siempre se siente fatiga. O simplemente se desmayan los afectados en cualquier momento. Al final, el síntoma que da el golpe de gracia aflora. La gota que colma la copa. Entonces la cuarentena, el aislamiento para evitar el foco de infección masiva. El destierro.

2.

Al menos en mi comarca, todo comenzó paulatino.

Yo tomaba clases de alfarería. Me encantaba apretar la masa con los dedos, usar adujas dispuestas en espiral para dar forma a la vasija, al florero, a los cubiertos de mesa, a los pequeños utensilios. Helena también tomaba clases, sin embargo, la conocí en una exhibición de batik, un método de teñir tela utilizando cera para que se produzca un diseño con la tinta. Ella era expositora artista. Nos gustaba a ambas la actividad porque era una oportunidad única para experimentar el gozo que da la sorpresa del resultado final. Nunca se sabía cómo iba a salir el trapo. Abríamos grandes los ojos y nos abrazábamos saltarinas cuando el producto concluido dibujaba nuestra imaginación.

Asimismo, disfrutábamos del macramé, todo un oficio fascinante. Los dedos. Coser. Crear trenzas. Decorábamos cualquier clase de cordón o bramante con el uso de solo dos nudos básicos. Cruce, cruce, uña y punta del índice, del anular, del corazón en una combinación mística. Embellecíamos las cuerdas sin gastar mucho dinero, añadiendo «cuentas» hechas de trozos de patata, zanahoria y cosas parecidas del huerto de alguna de las dos. Helena, al igual que yo, también tenía una hacienda. Cortábamos los pedazos en formas básicas y luego los poníamos a secar muy lentamente en un horno caliente. Cuando los trozos están completamente secos, se pintan.

Muchas veces, para surtir el colorido, Helena y yo usamos tintes naturales de vegetales, de piel de cebolla, de cáscaras de nuez y así por el estilo. Empero, somos cautelosas con la gama de colores porque nos hace recordar los rayos lumínicos que escasean. Parecen minúsculos cristales de hielo suspendidos en el aire del firmamento. Ello nos remonta al desterrado esposo de Helena, a sus propios colores, o descolores, a sus adquiridas tonalidades postreras. él ya no está, y ella lo extraña.

3.

El 4 de octubre, el recluta de veintinueve años de edad, soldado raso Lewis, que estaba en Fort Dix, una base militar cerca de la comarca, se quejó de sentirse calenturiento. Padecía de congestión nasal, dolor de la garganta y de cabeza. Lewis vivía con Helena en la comarca, pero viajaba casi a diario para sus ejercicios militares. Aunque se le dijo que se quedara en el cuartel por cuarenta y ocho horas y luego se presentara para un examen, Lewis, acostumbrado miembro de la infantería responsable, participó en una marcha la noche siguiente cuando aún las explosiones de corrientes de aire caliente no daban lugar a la sospecha de ninguna aurora boreal. Desfallecido durante la marcha, comenzó a ponerse de colores; verdoso en los pies y manos, anaranjado en las mejillas. Rojo los labios, abultados. Cuando a los demás compañeros se les presentaron síntomas, ya era demasiado tarde para contener el brote.

Lewis cayó víctima de la fatalidad poco después de llegar al hospital de la base. La muestra de la materia que se recolectó de su garganta reveló la presencia de un virus cuya cepa era una mutación.

Se dice que hubo veinte casos iniciales confirmados en Fort Dix. Se tomaron muestras de la sangre de todo el personal militar y se prosiguió con los análisis. Hubo evidencia serológica de que, en un período de seis semanas, más de cien casos habían ocurrido entre los reclutas. El virus se había extendido, y un mar de individuos hicieron evidente que habían estado expuestos a él.

Helena sufrió muchísimo la partida de Lewis.

4.

La gente de la comarca comenzó a hacer cambios en su vida para evitar el contagio, y para evadir la pobreza que este tipo de calamidades trae consigo. Muchas, como Helena y yo, escogimos compartir casa. Era lo más práctico. Nos decidimos por la mía, ya que en ella yo tenía a las ovejas. Helena se trajo a su perro, a unas cuantas gallinas y gallos, varias cabras y todo lo que pudo de su estudio artesanal. Yo le hice espacio en el cuarto más grande de la finca. Bajé los cuadros de mis dos hermanos también perdidos por la pandemia, Luk y Denzel, quemé sus ropas, desaparecí sus muebles y demás propiedades, desinfecté el recinto hasta más no poder y acomodé todo lo traído por Helena para que se sintiera cómoda.

Si salíamos a lugares concurridos (lo cual se evitaba a toda costa), usábamos mascarillas aislantes. Por supuesto, hasta esa mañana cuando fue anunciado en los medios que las mismas se habían agotado. A partir de ese momento, Helena y yo utilizaríamos pañuelos doblados en triángulo para cubrirnos la nariz y la boca.

Le comenzaron a llamar al virus «el Boreal» luego de una conferencia de prensa que se celebró con peritos médicos y de sanidad, expertos en virología, el presidente de la nación y otros oficiales, donde exponían una semejanza de tonalidades del fenómeno atmosférico inexplicable, con el colorido de las heridas y laceraciones que causaba la plaga. Además, los casos de fatalismo en donde el síntoma final y nefasto afloraba siempre surgían en las horas que se supone fueran las de la mañana.

Sabemos que es un virus tan mortífero que los científicos lo analizan en un laboratorio de máxima seguridad con un sistema de ventilación que impide la fuga de microbios aerotransportados. Para entrar en él, los expertos se embuten en un «traje espacial» protector. A la salida, reciben una ducha desinfectante. Los equipos de médicos que acuden a la voz de alerta van bien protegidos con guantes y gorros desechables, anteojos de seguridad y ese traje de trabajo que impide la penetración de microbios.

El Boreal atacó de igual manera a Lewis, a Luk, a Denzel, lo mismo que a tres o cuatro millares de hombres de dentro y fuera de la comarca. El cuadro completo incluía múltiples factores que, combinados, causaban el equivalente a una mortandad de género. La tríade inaugural establecía lo que padeció el esposo de Helena y que ella misma me contara: los colores de piel, agotamiento extremo, síntomas de catarro. Luego venía la infección de gripe con neumonía viral. Finalmente, el catastrófico flujo de algo parecido a unas úlceras que se descomponían y les salían del bajo vientre. Erupciones de coloridos matices, como los hilos del macramé, preámbulos del desprendimiento. La separación se da, inicialmente, desde el glande; luego el tronco y escroto, para concluir con la extirpación espontánea de todo el apéndice viril. Los que sobreviven son desterrados. Segregados y colocados en lugares en donde el gobierno ha construido campos de contención.

5.

He estado en contacto con las ovejas durante casi toda mi vida. Mi padre y hermanos fueron ganaderos de ovinos durante sesenta años. Cuido de un rebaño que no cambia de pastos, que nacen y se crían cerca, y que simplemente se trasladan de un campo, o apacentadero, a otro, pero siempre dentro de los límites de la hacienda.

Nuestras ovejas son de talla bastante grande, cuerpo robusto y buenas productoras de lana. Empiezo a llamar a nuestras cosas «nuestras cosas» y noto que a Helena no le molesta, ni le incomoda el nuevo estatus. Quizás tenga que ver con la manera en que lo he dicho. Suavecito. De modo respetuoso. Para que ella se sienta bien. Le he dicho, por ejemplo, Helena, nuestra casa hoy luce violácea y bonita. Y ella sonríe. Y mira el firmamento para corroborar que en efecto se ha dado un festín batik sobre el techo o alguna de las paredes laterales.

Conseguir lana requiere un trabajo arduo. Mucha planificación. Tenemos que criar un rebaño productivo, es decir, con buena capacidad de reproducción. Todos los años compro carneros de calidad. Tengo un total de unos cuarenta y cinco y, en el mes indicado, los sacamos para inseminar a las ovejas, o, como decimos nosotras, para cubrirlas. En un período de tres semanas los carneros cubren entre sesenta y ochenta ovejas cada uno. Luego tiene lugar la parición, que es la época que más nos gusta a Helena y a mí porque nos hacemos la idea de que la diosa Ister nos privilegia y nos permite tanta fecundación.

Cuando llega el mes de octubre, Helena y yo corremos por los apacentaderos en motocicleta. La motocicleta es nuestro medio de transporte para llegar a todas las ovejas que van a parir. Helena no sabe correrla muy bien, así que ella va atrás y yo adelante. Me abraza fuerte para no caerse y aproxima su cuerpo al mío lo suficiente como para yo sentirme a salvo. Yo le toco los brazos, o las manos, o incluso los muslos asegurándome de que sigue allí, de que no se ha caído. De que está bien.

En eso estamos cuando se nos acerca un joven. Lleva una mochila al hombro y viene sin taparse el rostro, sin ninguna precaución aparente. Su aspecto es juvenil y de poca monta. Se presenta ante nosotras como Cástor. Rubio, escuálido. Insignificante. Yo sonrió a duras penas, pero él no puede detectarlo por el pañuelo en triangulo que cubre mi boca. Le digo que su nombre me recuerda una estrella, el sol de alguna galaxia lejana. Hemos estado tanto tiempo sin ver el día en su totalidad, o la noche en todo su esplendor, que los tres hacemos un gesto de melancolía.

Helena le ofrece café.

6.

Las ovejas casi siempre paren gemelos. Pasado algún tiempo, se les coloca una marca de color en la oreja. La marca indica su edad. Sobre este tema discutimos esa tarde con Cástor. Eso le decimos. Le explicamos que tenemos una terminología especial para distinguir las edades de los corderos. Al cordero de un año lo llamamos añojo, y al que tiene más de un año y no llega a dos, normalmente primal, le decimos «dos dientes». ¿Sabes por qué?, cuestiona Helena, y pone cara de niña a quien le brindan toda la atención del mundo. Es un rostro que solamente veo conmigo cuando hacemos fogata, o plantamos el jardín. Ahora tiene otra audiencia y a mí como que se me entumece el brazo izquierdo por una abrupta presión de pecho.

Helena exclama: Porque la dentición de adulto de las ovejas consta de solo ocho dientes, y les salen dos por año, las ovejas que ya tienen dos dientes son maduras. Yo no sabía nada de eso hasta que llegué a la hacienda de Eva. Ella me ha enseñado todo sobre las ovejas. Me sentía tan sola después de perder a Lewis.

Y yo extiendo el brazo entumecido, le toco la mano a Helena, y hago una señal como para que sea comedida, prudente. Entiendo que a ella se le ha salido la situación un poco de control dando tanta información. Cuenta demasiado. Habla con nervios, y supongo que es porque hace tanto tiempo ya que no confraterniza más que conmigo. El muchacho que nos visita nos mira perturbado. Es él quien se disculpa, como si notara que ha interrumpido algo mayor.

Yo le digo que no se preocupe, y acto seguido le pregunto por qué no usa mascarilla, o un pañuelo, o por qué no teme contagiarse y padecer los síntomas. Cástor lleva una gorra sobre la cabeza, y se la remueve. Gira su cuello y nos muestra una marca en la nuca.

Se han tomado medidas para contener la plaga, expresa. Nos han vacunado. Acto seguido se pone algo más cómodo. Se estira. Pide que le ofrezcamos un poco de agua y Helena va y le sirve. Añade: Ante la llamada de auxilio, la comunidad internacional reaccionó enviando dinero y material médico. Acudieron varios equipos de investigadores de Europa, Sudáfrica y Estados Unidos con dos fines. Número uno, frenar la epidemia y número dos, descubrir dónde se alojaba el Boreal entre una mutación y la siguiente.

Es que nosotras dejamos de ver noticias hace tanto, explica Helena excusando nuestra falta de conocimiento sobre los últimos reportes. Yo alzo los hombros, no muy convencida. De todos modos, le ofrezco al chico que, si desea quedarse a cenar, lo haga. Se lo digo susurrando, apenas perceptible, tratando de que parezcan buenos modales, pero deseando que él no escuche, que solamente se dé cuenta Helena y que ello sea suficiente.

Pero no lo es. Cástor dice, perdón, no te escuché, y Helena se lo repite. él acepta y, mientras ambas nos disponemos a iniciar los menesteres en la cocina, continúa hablando y nos pone al corriente.

Para ayudar a detener la plaga, los médicos buscaron calle por calle a toda persona que presentara síntomas de la enfermedad.

Los enfermos eran trasladados al hospital, donde se les ponía en cuarentena y se les cuidaba de forma segura. Se emprendió una extensa campaña para informar a la población en general. Los doctores estaban ardorosamente en busca del foco de infección. El deseo de los científicos era localizar la fuente original del virus.

Y ¿se ha logrado?, pregunta Helena. ¿Se logró erradicar el Boreal? ¿Y qué ha pasado con los desterrados? ¿Tienen esperanza de curarse? ¿Se les puede contactar?

Ya va cociéndose el arroz y las verduras cuando, llegado a este punto, Cástor se canta sin conocimiento. Es cuando me doy cuenta de que llevo minutos enteros aguantando la respiración. Suspiro, y casi hasta hiperventilo. Helena me cuestiona si estoy bien, y es la primera vez, en cerca de ocho horas, desde que Cástor nos visita, que se preocupa por algo relacionado conmigo. Asiento y ella se acerca. Me coloca su mano en la frente, como si quisiera detectar si tengo fiebre.

Yo me remuevo el pañuelo de la cara. Ella pregunta espantada por qué. ¡Estas exponiendo a Cástor!, exclama, y le digo que no. Que él está vacunado y que además es demasiado injusto que se nos acuse de ser nosotras la causa de la infección. Castor añade que no hay problema. No es que sean la causa, expone enseguida, es que se ha identificado que la mujer es la portadora aunque no la padece, aunque no es la mujer la que se enferma, pero sí es la que ha enfermado a todo el resto de la humanidad.

Hay un silencio atroz. Alarmante. Luego yo digo: Al resto de la humanidad no. Tú querrás decir que únicamente hemos infectado a los hombres. Tú eres hombre. ¿Cómo sé que no te has escapado de uno de los refugios de contención, que no eres uno de los desterrados que simplemente ha sobrevivido? ¿Cómo sé que no has venido aquí a castigarnos, o a hacernos algún tipo de daño por encontrar que nosotras somos las portadoras y por ende las culpables?

No hay culpables, dice Cástor. Dios no ha querido...

No me vengas con Dios, no me salgas con fanatismos religiosos de extrema que nos merezcan el castigo. Sal ahora mismo de mi propiedad, le grito.

Helena se ha quedado viéndonos. Su velocidad de respiración acrecienta. Su pecho sube y baja y por un momento pienso que va a desfallecer.

Cástor, dice ella, lo lamentamos. No hemos querido ser duras contigo. Excúsanos y quédate, por favor. Yo no suscribo las disculpas de ella, pero igual mi silencio lo secunda. Cástor me observa receloso. Asiente con la cabeza.

7.

Es interesante el hecho de que un hombre, al que se le vendan los ojos durante la manifestación de una resplandeciente aurora boreal, cada vez que se produce una brillante ráfaga de luz auroral, piense: «¿No la oyen?».

Nos quedamos atónitos con esa reflexión que ha hecho él. Ya hemos cenado los tres. Concordamos en que las tonalidades del cielo, parecidas a las tonalidades de la plaga, suenan como a celofán y a vapor. Es uno de los momentos más sobrecogedores darse cuenta de lo sonoro del asunto.

Es como un interruptor de luz defectuoso, digo yo. Un débil sonido de siseo o crepitación. Podemos darnos cuenta del momento exacto

de la entrada en la atmósfera de las partículas electrizadas.

Helena nos indica que su maestro de macramé, en una ocasión antes de ser aislado
por el virus, les contó al grupo que las culturas
septentrionales han creído durante genera-
ciones que las auroras boreales son antorchas
en las manos de los espíritus para guiar las
almas de los que acaban de morir hacia un
mundo de felicidad y abundancia. Espíritus
de los muertos jugando a la pelota con la
cabeza de una morsa. Espíritus de los que
se marchan.

También hay quienes creen que son un
mal augurio de guerra y pestilencia, digo yo.

Durante los días siguientes, Cástor es
alojado en la hacienda. No hay nada que yo
pueda hacer ante la insistencia de Helena.
Nos ayuda con el esquileo de la lana de las
ovejas. Le damos los instrumentos para que
les corte el pelaje y le enseñamos cómo hacerlo. A partir de la lana, Helena construye
hermosas piezas de vestir que al cabo del
tiempo yo tiño. Para el esquileo usamos cu-
chillas, tijeras y esquiladoras eléctricas. De-
pendiendo de cómo se sujete a la oveja, será

más difícil o más fácil extirparle su rollo de pelaje. Igual, es mucha lana. La que sobra, la vendemos a la comarca en donde otras mujeres también se han unido para crear núcleos de mayor fortaleza y de apoyo. Que supiéramos, el único pequeño lugar en donde convivía un hombre, dizque vacunado, era el nuestro. Y lo hacemos con cautela y discreción porque no queremos llamar la atención para evitar otras complicaciones.

A Cástor lo contratamos para que, según el número de ovejas que esquila cada día, sea compensado con ropa y alimento. Un buen esquilador puede esquilar entre trescientas y cuatrocientas ovejas diarias. Pero él es un debilucho de brazos frágiles que solo logra esquilar unas cincuenta. Yo tampoco lo hago tan bien aunque me considero más fuerte que Cástor. Quizás completo unas doscientas cincuenta. Aparte de que no hay prisa. Hay que tomárselo con calma. No vamos para ninguna parte. El mundo después de la pandemia es otro mundo, uno suspendido. Uno desde donde no pasa ni ocurre el tiempo.

8.

Al parecer, Helena quiere compensar a Cástor con algo más. Los descubro intentando una pirueta difícil en el granero. Ellos no me ven. Me mantengo distante y en silencio. Aprieto los puños a cada costado del cuerpo; luego enredo los dedos en un tumulto de hilos de macramé que llevo en los bolsillos del pantalón. Los dedos suben y bajan; entran y salen; presionan y ceden. Noto que, a pesar de la seguridad de Cástor de decir que está vacunado, ambos conservan precauciones. Helena se coloca guantes, le pone a él un profiláctico y, bajo ninguna circunstancia, no se remueve el pañuelo de prevención de la boca. Así que no hay intercambio de fluidos. Nada de besos ni abrazos. Un agite febril de sus manos enguantadas sobre el miembro viril de él. Cástor tiene una emisión rápida, abundante, prolongada. Se tuerce y jadea. Helena pide algo para ella. él espera un rato, luego vuelve con sus propias manos a tratar de despertar el animal torcido, adormilado. Se pone en pie y otro profiláctico se desenrolla sobre el glande. Se lo coloca agitadamente en el tronco. Penetra a Helena y da tres embestidas. Ello basta para él. Ella se queda poco complacida. Los hilos del macramé, confusos, se han entrecruzado por completo.

9.

El maravilloso espectáculo de las auroras comienza a 150 millones de kilómetros, en el centro del sistema solar. Las explosiones nucleares que se producen tanto en la superficie como en el interior del Sol arrojan al espacio grandes cantidades de gas a altas velocidades. Los impetuosos vientos solares —formados por corrientes de partículas de gran energía —pueden alcanzar las capas superiores de la atmósfera al cabo de entre veinticuatro y cuarenta y ocho horas. Toda una exhibición de luces.

Contemplo atentamente una nube que se desliza hasta la puesta del sol que no se ve, la que me he imaginado. Enseguida me llama la atención la luna pardo-rojiza, y el cambio repentino del mar, a lo lejos. Llega la noche, y sueño que la llama de una bujía, encendida allí, en la popa de un barco de Poe, arde sin el menor movimiento, y un cabello sostenido entre el índice y el pulgar puede colgar inmóvil, sin la menor vibración.

Hace años que no lloro. No voy a comenzar ahora.

10.

Las ovejas se transmiten de unas a otras garrapatas, piojos y demás parásitos que les provocan picores dentro y fuera de la piel. Se las ve restregándose contra las vallas en lugar de comer, lo que hace que pierdan peso y se les estropee la lana. Una vez al año les damos un chapuzón en agua tratada con una sustancia química.

La solución que utilizamos para esos baños se llama Grenade, y el ingrediente activo es la piretrina, con un 5% de Cyhalothrin. Tenemos que administrarlo llevando a las ovejas a los apacentaderos cercados y manejarlo con cuidado porque puede convertirse en veneno para los humanos. Las metemos en un estrecho pasillo de poco más de un metro de ancho en el que caben unas cincuenta. Les hacemos engullir una mezcla química que mata los parásitos del intestino. Llevamos esta mezcla en un recipiente que cargamos a la espalda a modo de mochila, y utilizamos un tubo y una cánula para introducir el líquido directamente en la garganta. A veces también enferman de septicemia y tenemos que administrarles penicilina.

Decido varias cosas. Soy fuerte, de constitución ósea robusta y agrandada por la obesidad y algunos músculos. Ninguna oveja combativa me ha ganado hasta el momento.

11.

Las auroras boreales son antorchas en las manos de los espíritus para guiar las almas de los que acaban de morir hacia un mundo de felicidad y abundancia.

No hubo destierros. No hizo falta. Cástor nunca padeció el Boreal al menos. No sufrió de los cambios de coloración en la piel, ni de fiebres, o dolamas de garganta, ni desmembramiento espontáneo. Me hice a la idea de que nunca había aparecido.

Helena se acostumbra nuevamente a otra ausencia.

12.

La motocicleta es nuestro medio de transporte para llegar a todas las ovejas que van a parir. Helena aprende a correrla, así que ahora voy atrás y ella adelante. La abrazo fuerte para no caerme y aproximo mi cuerpo al suyo lo suficiente como para sentirme a salvo. Ella me toca los brazos, o las manos, o incluso los muslos asegurándose de que sigo allí, de que no me he caído. De que estoy bien.

LOS INOFENSIVOS

Abuela tenía un agujero en la cabeza de considerable tamaño. De él salían guerreros bantúes, curanderas del imperio Ashanti, médicos brujos yorubas, tamborileros hausa y cazadoras amarillas de Ghana que muy inofensivamente poblaban la sala de nuestro hogar en la costa. Las olas del malecón daban contra el paseo tablado y su olor salitroso llegaba a las escalinatas de la casa, subía hasta la cocina, se restregaba por los intersticios de las habitaciones. Allí la esencia del mar combinaba energías que se disgregaban alrededor de los muebles de mimbre, la mesa de centro y las máscaras africanas que adornaban las paredes. Los guerreros y los médicos brujos eran quienes más argumentaban entre sí, a veces muy fogosamente alzando la voz, a veces muy murmurativos sobre el tema de la intensidad de las mareas o la salinidad de la fragancia del océano. Que si este era más o era menos oloroso que las de la masa de piélago madre abandonada. Que si acá las cebras, los lémures o una cría de elefante eran más majestuosos. Que si el amamantar de niños recién nacidos era más enternecedor en esta parte del mundo o si su revoloteo de llanto más adolorido. De la mollera abierta de la abuela se desprendían sorpresas originarias del Lago Chad, emergían flautas y toques de tambor estridentes de los mandinga o asomaba la punta del Kilimanjaro, mezquitas de Mali o jinetes de las viñas agrícolas fulani. En ocasiones teníamos que llamar a la grúa para sacar las gigantescas concepciones que atiborraban los espacios, pues no había cabida para dormitar o siquiera comer. Un día comenzó a desbordarse toda el agua del río Congo y arrastró todos los muebles por varias cuerdas de terreno abajo, dejando en el patio, enredada entre los columpios, una canoa varada. De ella salieron, no sin esfuerzo, una familia somalí quienes nos acusaron con desespero, de habernos blanqueado, de haber adoptado costumbres y saberes del amo, y quienes no pararon, día y noche, en exigirnos a gritos el regreso. El griterío aquel se quedó en nuestra húmeda casa por varios años. Cuando la abuela por fin emprendió su último viaje, los somalíes se retiraron con ella, pero fue muy confuso el desapego. Quienes nos quedamos en el desierto de nuestro jardín, a este lado, nunca supimos, o al menos jamás nos quedó claro, si era aquel el momento de llorar.

AFROFANÓNICA

Decirte Fanon que en este lado del mundo llegaron tus ideas para quedarse.

Para redimir a tantxs de nosotres.

Decirte Fanon que el holograma que reaparece tan pronto pronuncio tu nombre en el sueño lúcido murmura: No me quieren en Francia, soy un traidor.

Ajusto el monitor transparente sobre mi brazo izquierdo. Tiene estática y en dos ocasiones proyecta el mensaje "Problemas de conexión".

Y te haces corpóreo de cuerpe.

Y ante mí, Fanon explicas que has sido revisado a la luz de un solo eje:

el de la raza. Te sientes inconforme. Te sientes mutilado, te sientes incompleto...

Un algoritmo establece la vinculación del autor de la tradición marxista y revolucionaria.

Otro App expone una portada de Piel negra, máscaras blancas y de Los condenados de la tierra. Asimismo, se destacan los llamados de Fanon a la violencia.

Asimismo sus señalamientos de dedo índice en el holograma van acompañados de la búsqueda de un humanismo que excluya lo propio o lo privado, que resalte el colectivo y las dispensas. Que Francia debe pedir perdón. Que el Viejo Mundo debe retractarse. Debe entregar piezas de museo y museos, debe derrocar estatuas, catedrales y emporios.

Decirte Fanon que la historia de nuestras mujeres ancestrales, nuestras negras, las ancestras, las negras cimarronas no inicia con la esclavitud, que la esclavitud interrumpe nuestra historia y eso ya lo sabes. Asientes con la cabeza y comienzas la secuencia programada de los abrazos.

Entro a tus brazos, me dejo abrigar por tu afrosanación. Me permites seguir hablando y te digo que esta foto del pueblo de Hatillo, es del catálogo que usamos de la Sociedad de Genealogía de Puerto Rico. Aplaudes los trabajos que realizamos con aquella sección de apellidos de los amos europeos, esta parte siempre es emotiva para mis estudiantes porque a veces encuentran sus apellidos ahí y empiezan a saber quiénes son en la actualidad. A veces hay llantos y desahogo. Para eso tenemos la creación literaria, para tratar de balancear ese reconocimiento de la historia que nos han dicho, cuando sabemos quiénes son nuestros ancestros y cómo fueron tratados por los franceses, por los españoles, por los ingleses.

Decirte Fanon que una negra de 12 años fue vendida para el cuido de niños en 400 y una mulata de 22 años buena costurera y buena cocinera en 700 pesos. Decirte de un anuncio de una cimarrona huida, de un evento de Ponce con las cepas de esclavos, de las rebeliones de Loíza y de un fugado con 6 años, cuyo anuncio se fechaba en agosto de 1851.

Escucho tu voz grabada e integrada a una IA que me contesta cuánto duele saber estas cosas. Mueves la palma de tu mano y presentas un clip videográfico en el que soy prietagonista y que inicia con mi propia voz: "Y yo les pregunto a ellos si saben quiénes fueron sus abuelos, bisabuelos o tatarabuelos y a medida que yo voy preguntando bisabuelos y tatarabuelos las manos van bajando. Les digo que dejen la mano arriba por sus abuelos negros y al mencionar bisabuelos bajan las manos, y al mencionar los tatarabuelos ahí la mayoría o casi todos ceden el brazo y bajan la cabeza con vergüenza. Hacemos un ejercicio matemático para ver, para que ellos se den cuenta, que esos tatarabuelos de ellos estuvieron presentes y vivos durante la abolición de la esclavitud del 1873 aquí en Puerto Rico. Y eso los jamaquea cuando se enteran de que esos abuelos y ancestros suyos estuvieron con vida durante esa época. Entonces yo paso hacerles la siguiente pregunta: ¿Esos ancestros suyos fueron esclavizados? Si fueron esclavizados ustedes tiene el deber en vida y pensarse en reivindicar para honrar a esa gente, que en mi caso fueron cimarrones. Y paso a decir luego que si esos tatarabuelos de ustedes no fueron esclavos existe otra posibilidad y si esta posibilidad es la que usted y yo creemos, entonces su propósito de vida debería ser reparar y reparar. Y entonces el concepto de afroreparacion se sale de algo que se ha colocado de manera social remunerativa, para convertirse además en un proceso personal. Entonces a ti te toca cada caso de racismo que ves para detenerlo."

Decirte Fanon que el holograma que se va extinguiendo tan pronto pronuncio tu nombre dice: Me quieren en tu tierra, en tus Antillas, en tu Caribe. Allí no soy un traidor.

Y ajusto el monitor transparente sobre mi brazo izquierdo.

Tiene estática y se va cerrando.

En tres ocasiones proyecta el mensaje "Problemas de conexión".

Y te descorpóreas, te transparentas de cuerpe.

Le Fanon des artistas:
Perspectives transaméricaines.
Sophie Large et Flora Valadié (éds). 2022

CIUDAD DE PARTOS

"You controlled both animals and people
by controlling their reproduction
—controlling it absolutely"—
Octavia Butler. Adulthood Rites

1.

Por algún tiempo me consideré una mujer valiente. Pensaba incluso que había sido una maravillosa idea el haber quedado embarazada al mismo tiempo que mi esposa Eve. Recuerdo aquel día de febrero. Nos encaprichamos con el antiguo efeméride de San Valentín y exigimos al par de obstetras socios que nos insemine a ambas, a la misma vez, ese día, aunque ya para 2339 no se celebra ninguna fecha gregoriana. A Eve le gusta la música clásica, los libros de historia, el *streaming* de los albores de la humanidad, la arquitectura arcaica y los disfraces de épocas antiguas para celebraciones aleatorias. Por eso en aquel calendario, quise complacerla.

Nos fecundan simultáneamente, en el añejo 14 de febrero, mientras nuestras manos se acarician, nuestros ojos se observan entre lágrimas de felicidad, una al lado de la otra acostadas en el camastro quirúrgico. Mientras las bocinas integradas a nuestras orejas musicalizan la sonata *Claire de Lune* en *cello concerto* de 1998, y las videocámaras que decoran nuestras frentes inmortalizan el evento con fotografías holográficas y videos en vivo para compartir con los familiares, los médicos nos insertan las cánulas y depositan los embriones *crispers* miniaturizados.

En aquel momento creí que nuestra gestación sería memorable y feliz. Hoy, al darme cuenta de lo acontecido a nuestro alrededor, en esta mañana de octubre, me siento arrepentida.

2.

La sala de espera de nuestros médicos se sumerge en un caos repentino. Cinco gestantes de diferentes géneros, edades y orígenes se encuentran en medio de una labor de parto sincrónica. Los gritos de dolor y los gemidos de esfuerzo llenan el aire, creando una sinfonía caótica. Sonidos como bufidos, sonidos como mugidos, sonidos como resoplidos, jadeos, alaridos de un malestar único.

Los aullidos inician en la embarazada cis más joven. Todas las personas gestantes dirigimos la vista a ella, creyendo que se trata de un evento abrupto y aislado. Creyendo que el resto no lo experimentará. Por instinto nos tocamos los vientres propios; desde los más abultados hasta los menos voluminosos; desde los que rondan los nueve meses, hasta los que tienen pocas semanas de embarazo. Es entonces cuando los gruñidos en el resto de las gargantas comienzan a replicarse. Se repiten esporádicamente como si de una clonación por osmosis se tratara.

Pero los bramidos no llegan solos, en los vientres se originan espasmódicos movimientos que obligan a la contorsión de los cuerpos. Las panzas se curvan, crean ángulos, despliegan formas geométricas casi imposibles. Hasta puede verse a las criaturas luchando desde el interior.

Una de las mujeres trans se aferra a su abdomen, sus ojos se cierran apretados mientras las contracciones la agobian. El sudor empapa su rostro y su respiración agitada se mezcla con los lamentos de dos hombres trans embarazados. Uno de ellos, el que parece tener menos tiempo de preñez, se arquea en la silla. Luego se balancea de un lado a otro, tratando de encontrar una posición cómoda en medio del malestar agudo. Sus manos aprietan con fuerza los reposabrazos del asiento, dejando marcas en su propia piel.

El otro se levanta, se acuclilla. Parecería que puja mientras su cónyuge le masajea la espalda. Ambos lloran desesperados.

3.

Eve se inclina hacia adelante, apoyándose en una pared cercana mientras sus convulsiones de barriga aumentan en intensidad. Su rostro está empapado de lágrimas y sudores, una mezcla de angustia y desconocimiento la embarga. Se mueve con impaciencia, incapaz de encontrar alivio en ningún lugar. Su respiración se acelera a medida que las contracciones le suceden sin descanso. Yo intento buscar sus manos, sus brazos. Intento atrapar su cara para limpiar la sudoración y acercármela para decirle palabras que la apacigüen. Pero nada se logra.

Cuando la última gestante del consultorio se encuentra acurrucada en una silla, susurrando palabras de aliento a sí misma mientras lucha por mantener la calma en medio del torbellino, me doy cuenta que mi cuerpo tiembla, pero no experimenta contracciones. Yo no tengo dolamas. Yo no emito resoplidos ni sofocos, ni me contorsiono. Las miradas de las demás personas en la sala oscilan entre el asombro y la preocupación ante la presencia de este inusual evento.

El personal médico que asiste a los obstetras, las enfermeras, las parteras y las doulas se esfuerza por brindar asistencia a la mayor cantidad de afectados. Corren de un lado a otro para atender a cada una de las personas en medio del frenesí. Ofrecen palabras de aliento y no se detienen a preguntarse por qué ha sucedido aquello. Mas bien, se han dispuesto a manejar la emergencia para después investigar la razón. Luchan contra el reloj para asegurar que todes reciben la atención necesaria.

En medio de la confusión y la situación intensa, Eve me dice "Tengo miedo". Yo he logrado que se acueste en el suelo. Le peino el cabello. Lleva las piernas abiertas y comienza a pujar.

Es un momento de desorden; el resto comienza a pujar también delirantemente. Es un momento de desafío; puedo jurar que nos vamos a sumergir en algún tipo de locura colectiva. Parpadeo. Me muerdo los labios y me toco este embarazo de siete meses por encima de la piel de mi abdomen.

Eve es la primera que da a luz.

4.

Mi esposa pare con mucho dolor entre el caos y el alboroto. Luego la sigue uno de los hombres trans, después la muchacha más joven, más tarde una pareja no binarie que al igual que nosotras se inseminaron juntes y cada cierta concatenación de minutos da a luz alguien más. Luego otra persona. Y otra.

Y no solo en nuestro consultorio. Nos vamos enterando por los noticiarios en *real-time* que personas gestantes de todas partes de la ciudad, sin importar la cantidad de tiempo de gestación, han comenzado a parirse en los colmados, las plazas de recreo, los conciertos, los museos, las oficinas gubernamentales, en sus hogares, en los vehículos de transportación pública, los estadios deportivos y donde quiera que hubiese una cría por nacer.

Los bebés nacen muertos.

5.

El silencio que precede a un suceso de parto multitudinario como aquel es desquiciante. Solo se escuchan leves sollozos, imperceptibles ahogos de les madres y padres abrazando a sus criaturas sin vida. Miran confundidos las placentas, la sangre, la mucosa, el líquido amniótico en derredor.

Nos enteramos que ha sido un ataque bioquímico orquestado en varias ciudades del país, enfilado a provocar partos a destiempo con cero potencial de sobrevivencia al neonato. Una nueva arma de control de natalidad del Cistema.

Durante los siguientes días los trabajos de limpieza intensiva y desinfección de edificios, calles, transportes y demás localidades afectadas ocupan casi toda la producción laboral

ciudadana. Al cabo de varias semanas se brindan servicios de salud mental para las víctimas
afectadas y sus familiares. Se distribuyen che-
ques de indemnización y se consignan divul-
gaciones oportunas para que la gente siga con
sus vidas.

En principio nadie entiende por qué yo
continúo embarazada. O por qué otras gestantes, con características fenotípicas parecidas
a las mías, tampoco han experimentado aquella
sinfonía profusa de pariciones.

En principio nos desconcierta, aunque nos
da esperanza. He sido la excepción. Hay sobre-
vivientes. No todo está perdido.

AFROCUENTOS